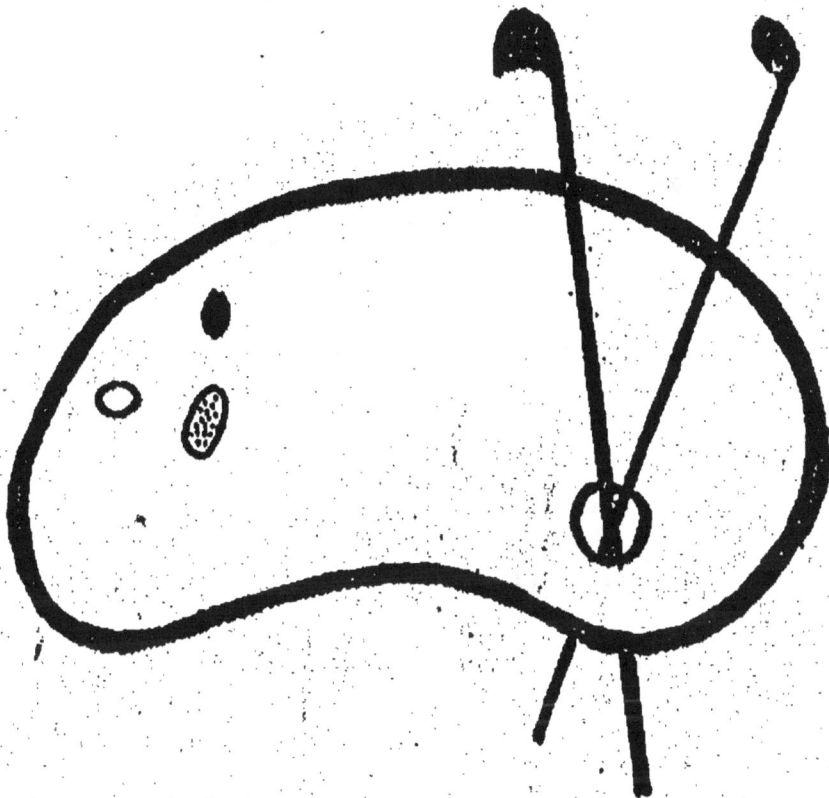

COUVERTURE SUPERIEURE ET INFERIEURE
EN COULEUR

UN MOT

sur

LE PAUPÉRISME

EN FRANCE

PAR

H. ACARIN

Professeur de mathématiques

ROANNE

IMPRIMERIE E. FERLAY, COURS DE LA RÉPUBLIQUE.

—

1876

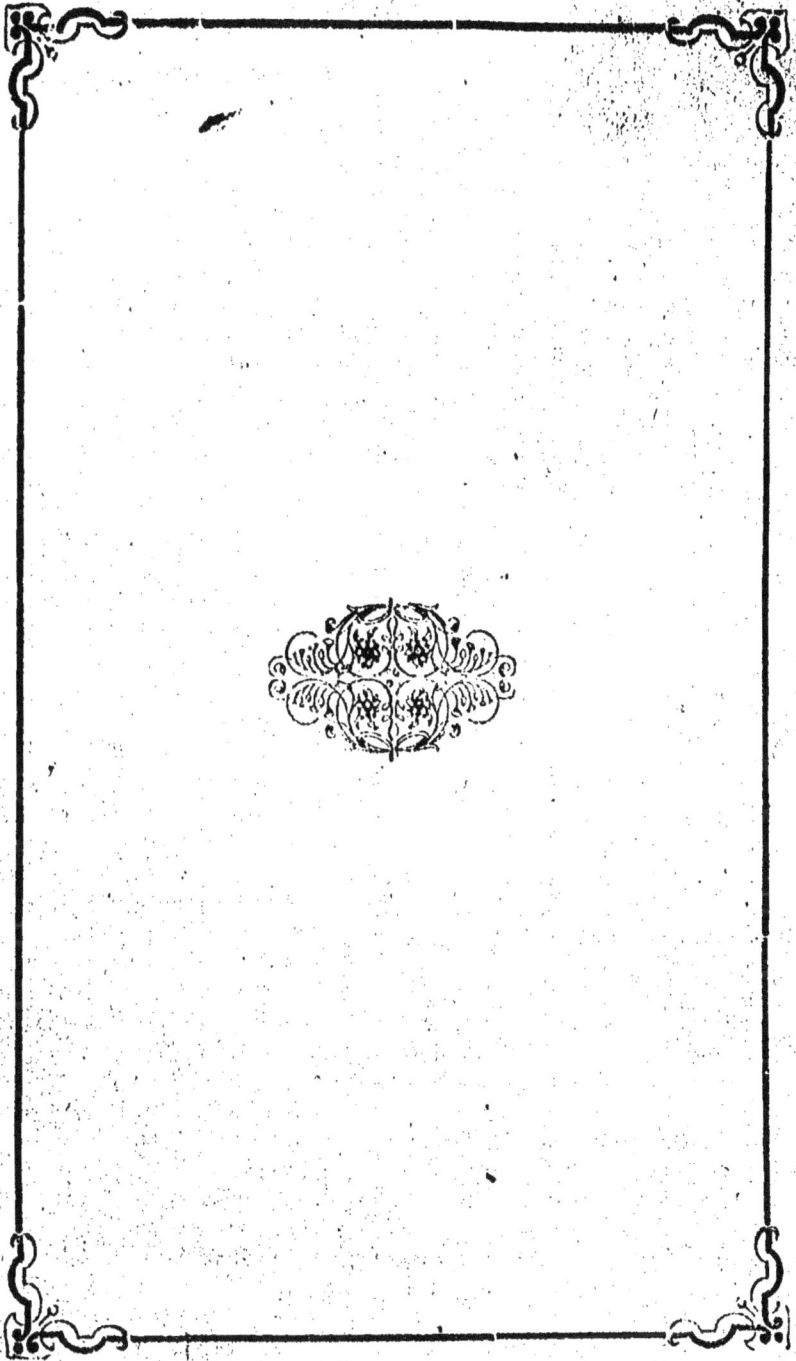

UN MOT

sur

LE PAUPÉRISME

EN FRANCE

UN MOT

SUR

LE PAUPÉRISME

EN FRANCE

PAR

H. ACARIN

Professeur de mathématiques

ROANNE

IMPRIMERIE E. FERLAY, COURS DE LA RÉPUBLIQUE.

1876

AVANT-PROPOS

—

L'auteur de cette brochure à traité un sujet mis au concours par l'Académie des sciences morales et politiques.

Il lui eût été facile de faire un gros livre sur le paupérisme en Prusse ou ailleurs ; mais il s'agissait de la France et sa tâche a dû lui paraître ingrate.

Comme en effet parler de la pauvreté de cette nation à qui l'Europe entière offre tous ses milliards, au lendemain d'un grand désastre, sur la seule garantie qu'elle s'appelle la France.

Il fallait donc se demander où est la source du paupérisme chez nous : Elle ne vient pas évidemment de la faiblesse des salaires, puisque les artisans étrangers accourent en foule chercher notre argent, notre adresse et le bon goût qui leur manquent.

Il a cru bien faire en se préoccupant surtout du défaut d'instruction qui fait les sots toujours et les pauvres souvent.

Cette tendance à ramener tout à la nécessité d'instruire, vient sans doute de ce qu'il passe sa vie au service de l'université et qu'il estime sa profession comme devant être placée au rang des plus propres à rendre d'utiles services au pays (1).

---

(1) L'auteur a étudié d'une façon toute spéciale les questions qui touchent à l'instruction primaire, et il est pourvu du certificat d'aptitude aux fonctions d'inspecteur.

UN MOT

SUR

LE PAUPÉRISME

EN FRANCE

« Homo sum ; nihil humani a me alienum puto. »

I.

*Un enfant ignorant c'est dans l'avenir,
un homme utile de moins et un artisan
de désordre de plus.*

. . . .

*Le peuple qui a les meilleures écoles
est le premier peuple ; s'il ne l'est pas
aujourd'hui il le sera demain.*

(Jules SIMON).

Le paupérisme est un état de misère per-
manente qui semble s'attacher à certaines
classes de la société et qui menace d'envahir
les classes voisines. C'est un fléau qu'il faut
combattre à tout prix, car la misère est
contagieuse comme les vices qu'elle engendre.

Le devoir des heureux est de soulager l'infortune : celui des gouvernants est plus grand encore ; ils doivent relever la nation dans la personne de ses membres les plus éprouvés.

Le bon père de famille ne doit-il pas entourer de plus de soins celui de ses enfants qu'il sait le plus disgracié et le plus faible ?

L'assistance publique et la charité privée ont déja beaucoup fait. On a donné presque sans compter, dans ces derniers temps. Une œuvre nouvelle, celle des fourneaux économiques est venue adoucir, à Paris, les rigueurs de l'hiver, en fournissant à très-bas prix et même gratuitement des aliments sains aux nécessiteux de tout ordre. Le gouvernement s'est mis, le premier, à la tête de ce bon mouvement, la porte des hôpitaux n'hésite à s'ouvrir devant aucune souffrance, l'on ne marchande aux malades ni les soins ni les soulagements ; les fondations utiles se succèdent à l'envi comme les maux qu'elles ont pour but d'amoindrir ; les legs fournis par de pieuses mains se multiplient, de riches étrangers s'associent de leur mieux à toutes nos bonnes volontés....

Comment donc se fait-il que la France, riche
encore, grâce à Dieu, et nation bienfaisante
entre toutes, a it toujours à soigner cette hideuse
plaie du paupérisme, qui devrait, depuis
longtemps, avoir disparu sous les efforts mul-
tiples de ce médecin des pauvres gens qu'on
nomme la Charité? Telle est la question que
je me propose d'étudier dans ces pages. Mais
si les causes sont faciles à énumérer quand il
s'agit de paupérisme, les moyens à employer
pour le combattre sont d'autant plus difficiles
à trouver, qu'il ne manque pas d'hommes
sérieux, d'intelligences élevées qui se soient
occupés de cette question éminemment sociale.

On a beaucoup discuté, beaucoup dit, beaucoup écrit: on a toujours posé l' $(X + Y)$ du
problème sans le résoudre.

C'est qu'en effet l'équation du malheur est
difficile à traiter: il lui faut des faits absolus,
vrais, indiscutables.

Je n'ai d'autre ambition, moi qui vais aussi
toucher à cette grande question des petites
gens, que d'être assez clair pour être compris,
assez bref pour être lu.

Certaines gens, de nos jours, croient à peine en Dieu, n'attachent qu'un sens vague au mot de patrie et vont jusqu'à mépriser la vie de famille. Le cœur n'est plus assez haut placé ; c'est lui qu'il s'agit avant tout de relever.

Nous avons, en France, trop de lieux où l'on s'abrutit avant sa journée, où l'on s'abrutit encore après. Que font tous ces malheureux qui jurent, boivent et jouent quand l'heure du travail a sonné, quand celle du repos est venue ? à quoi bon tous ces bouges patentés qui s'ouvrent quand d'autres se ferment ?

Tavernes, bals, maisons publiques, lieux d'immoralité, de corruption, d'affreuses débauches, c'est à vous que la société est trop souvent redevable de ses insondables malheurs !

Nous ne sommes plus au bon vieux temps. L'ouvrier avait toujours un habit propre les jours de fêtes ; il aimait à faire, en compagnie des siens, de ces bonnes et salutaires promenades, après lesquelles on rentre tous gais chez soi, parce qu'on a l'esprit sain, le cœur content.

Aujourd'hui on cause grèves et politique ; on discute à tort et à travers des intérêts du pays, quand on ignore le secret de conduire tant bien que mal sa maison et le secret difficile de se guider soi-même ; on délaisse l'établi et le foyer domestique pour écouter les grands parleurs des rues, et c'est ainsi que l'on perd la notion de ce qui est bon, honnête et louable.

Cela tient évidemment au manque d'instruction, à l'absence d'idées premières.

Sur six servantes, une seule sait à peine lire : j'habite une ville industrielle où, renseignements pris, un ouvrier sur quatre sait lire et écrire (1). Est-il étonnant, après cela, que ces pauvres filles veuillent acheter des complaintes au marché et que les travailleurs illettrés aillent écouter les lecteurs de mauvais journaux et accepter pour bon tout ce que les causeurs de cabaret débitent à qui veut les entendre ?

Quand l'homme aura cette instruction de bon aloi qui permet de sentir, de juger, de penser seul, d'avoir des idées justes, nous aurons fait un pas immense.

(1) J'ai demandé à des mendiants, à des pauvres comment il se pouvait faire qu'ils en fussent réduits à de telles extrémités, et beaucoup m'ont répondu : « que voulez-vous, quand on ne sait pas lire ! »

Il faut, de toute nécessité, détruire chez l'enfant par une bonne éducation et par de sages conseils les germes de la misère adulte : c'est alors seulement que nous aurons moins de prisons et plus d'écoles.

Je me suis livré à une singulière statistique, et j'ai compté, dans mon département, huit cafés pour une école. Je serais arrivé à un résultat analogue et plus déplorable encore si j'avais eu le triste courage d'aller jusqu'au bout et d'établir un rapport entre le nombre des maisons d'éducation et celui des lieux de débauche.

Les fontaines, dans les villes servent à tous ; il se trouve toujours un passant qui a soif et y boit ; les gens du quartier y puisent sans se demander d'où vient cette eau et ce qu'il a fallu de frais pour la conduire à leur porte ; il devrait en être de même des écoles, on devrait les trouver partout et pouvoir y puiser à son aise, sans se demander d'où elles viennent ni ce qu'elles coûtent.

On a jeté vingt-six millions dans les fondations du nouvel Opéra (1), on en a trouvé

(1) Voir l'ouvrage de M. Jules Simon (l'École).

bien d'autres pour l'édifier, en faire une œuvre colossale, immense. Lyon trouve de l'or pour son théâtre des Célestins (1) : on donne un million cinq cent mille francs par année aux théâtres de Paris ; partout on verse à pleines mains pour l'agrément, le luxe et les plaisirs, et l'on se déclare impuissant quand il s'agit de bâtir des écoles et d'en payer les maîtres !

Les villes accordent de riches subventions aux théâtres, elles marchandent, hésitent, mais elles paient : ces secours-là ne seraient-ils pas mieux à leur place dans la caisse de l'enseignement public ?

Nous sommes trop légers, nous sacrifions tout aux caprices du moment, au dieu du jour, à l'homme dont on parle, à la chose qu'il faut voir : nous aimons le nouveau, le frivole ; il nous faut ce qui frappe l'imagination, ce qui brille.

Les arts, je le sais, ont contribué et contribuent plus que jamais à mettre la France bien haut ; mais l'on m'accordera que l'ignorance du peuple aurait pour résultat inévitable de la mettre bien bas.

(1) Et 250,000 fr. de subvention pour son grand théâtre.

Au 31 décembre 1869, nous avions dans les prisons de France huit mille cinq cent quinze ENFANTS (1) et sur ce nombre effrayant, cinq mille trois cent quarante-et-un ne savaient ni lire ni écrire !

Voilà les résultats de l'ignorance.

La mauvaise éducation et les mauvais exemples détruisent le sens moral et engendrent fatalement le paupérisme. Chacun sait quelle fâcheuse influence exercent sur l'homme de funestes conseils.

Notre âme est ainsi faite qu'elle se développe ardente et forte dans tout milieu sain, et qu'elle dégénère et s'appauvrit dans l'atmosphère du vice.

Le fils ne respectera point ses parents s'il les sait méprisables : il est des familles où l'amitié même ne trouve point son heure. Ce ne sont que discussions, que scènes de désordre. L'enfant qui grandit là, impuissant témoin de honteux débats, n'aura qu'un but : fuir la maison le plus tôt possible, et il la quittera sans regret.

Il ira vivre où le hasard l'aura conduit tou-

(1) *Moniteur Officiel.*

jours prêt à suivre l'impulsion d'autrui; qu'elle soit bonne, voilà un honnête homme ; qu'elle soit mauvaise, voilà un misérable.

On a fait des lois (1) qui ont pour but de prévenir ce résultat déplorable : elles veulent que le patron s'occupe de l'avenir moral du jeune ouvrier qu'il emploie : on a nommé des inspecteurs ayant pour mission spéciale de veiller au bien-être relatif des apprentis ; malheureusement ces lois ne s'appliquent qu'en grand : elles visent les manufactures, les usines, les centres du travail et de l'industrie ; or ce n'est point là véritablement que l'apprenti se perd, c'est bien plutôt dans les ateliers de dernier ordre que les passions honteuses trouvent à s'accoupler, et que les penchants mauvais se développent d'autant plus energiques et plus vils, qu'ils sont plus dans l'ombre.

L'ouvrier de fabrique est surveillé : il voit de tristes exemples souvent ; mais il en voit de bons aussi ; il est entouré de pères de famille, d'honnêtes gens pour la plupart.

Une réunion de travailleurs ne peut que

(1) La loi du 19 mai 1874, qui a reçu sa première application le 1er juin 1875, et qui vient de donner naissance à une foule de rapports intéressants.

servir utilement la morale et le bruit des outils est salutaire à la bonne cause.

C'est au dehors, dans sa vie privée, que le mercenaire est à plaindre. S'il n'a personne à aimer, s'il n'a ni femme ni enfants, ni rien de ce qui peut rattacher à la vie, il passe iné- vitablement son temps dans les tavernes et les estaminets de bas étage : il fréquente le res- taurant, la gargotte où l'on cause beaucoup en mangeant peu ; son corps et son esprit souf- frent également sans qu'il s'en doute, et c'est là qu'en face des verres remplis encore ou déjà vides s'élaborent ces discussions interminables qu'il regarde comme un passe-temps, mais qui finissent par devenir une nécessité. Et puis après avoir beaucoup parlé, beaucoup bu, où passe-t-il le reste de sa soirée, sa nuit ?

Certes, mieux vaudraient pour lui les cares- ses d'une épouse et les sourires d'un enfant.

Les malheureux que la police arrête sont rarement mariés : les vagabonds ne connais- sent point la vie de famille. S'ils la connais- saient, ils comprendraient qu'il est pour l'hom- me de grands devoirs à remplir : ils s'amen- deraient à coup sûr.

L'homme du peuple trouvera toujours dans le mariage la plus grande somme de jouissances honnêtes ; ils se créera par-là des necessités de travail, d'ordre, d'économie, d'efforts vers les bonnes choses.

Le travailleur, en France, a mauvaise tête parfois, bon cœur toujours. Il aime le plaisir, le jeu, les spectacles et le bruit ; il s'emporte, crie, tempête ; mais il donne ce qu'il a et le donne sans regret s'il s'agit d'une bonne action ; il risque volontiers sa vie quand elle est nécessaire au gain d'une cause qu'il croit juste.

Qu'on lui fasse une loi, qu'on l'excite et le violente, il doute, résiste et combat : il n'écoute que sa haine, et tombe dans l'excès du mal.

Il pèche alors par l'éducation.

Il a reçu de mauvais conseils, il est perdu déjà, et se méprise lui-même. Il se demande comment il a pu se laisser entraîner au mal ; met ses vices sur le compte d'autrui, de l'isolement, de l'ennui, du dégoût. N'eût-il point mieux fait d'accepter la vie de famille ? C'est là que serait en effet le salut de beaucoup. Une femme honnête sera toujours la meilleure conseillère et la meilleure amie.

Ceux qui n'acceptent point les devoirs de père, sont les lâches de l'amour.

Une grande cause du paupérisme est encore l'abandon qu'on fait des champs pour venir demander à la ville un travail mieux rémunéré, des jouissances qu'on croit grandes. Triste aberration ! Il n'y a plus de paysans ; on émigre et si ce n'est le père qui a commencé, le fils n'hésitera pas à grossir le nombre de quêteurs de bonnes fortunes, d'heureux hasards : il choisira naturellement Paris, Lyon, les grands centres ; il sera laquais, valet de chambre, cocher, et, comme bien d'autres, s'en reviendra au bourg acheter des maisons, faire bâtir peut-être ! et le voilà quittant son clocher, bien décidé à ne revenir chez lui qu'après avoir réussi, fait son affaire, comme on dit.

La fortune est une capricieuse qui n'accorde point ses faveurs à tous.

Quelques-uns se créent réellement une position bien différente de celle qui les pouvait attendre ; d'autres, et c'est le plus grand nombre, végètent misérablement dans la situation fausse qu'ils se sont créée à eux-mêmes Ils tentent, essaient, s'agitent sans résultat heu-

reux. Vient alors le temps de la gêne, du
manque absolu de crédit, viennent les heures
de désappointement, de dégoût véritable. Dès
ce moment le sage devrait reprendre le chemin de la ferme et aller voir s'il n'y a plus
de terres à labourer, de semences à faire ou
de blés à couper ; le mal serait vite réparé ;
il s'en retournerait pauvre, mais digne d'estime encore.

La crainte du ridicule s'empare du pauvre
diable ; il reste, fait des mauvaises connaissances, accepte les avances d'inconnus qui
lui montrent les choses sous un autre jour
faux ; son jugement n'a plus sa droiture, il a
pris les allures et les goûts du citadin, il croit,
se laisse conduire, et de chute en chute tombe
dans une ornière dont il ne connaîtra que plus
tard la profondeur. Et l'agriculture a perdu
deux bras utiles, et le vice qui guette sa proie
partout les trouvera pour s'en servir un jour.
Le remède est dans l'école. C'est l'instituteur
qui doit, le premier de tous, apprendre aux
enfants des campagnes que le bruit des cités,
le jeu, les plaisirs qui corrompent ne sont
point pour eux. C'est l'inspecteur, ce sont les

conseillers municipaux, les membres de la dé-
légation cantonale, ce sont tous les honnêtes,
les bien pensants qui doivent s'unir pour éviter
cette désertion fatale. Ce sont enfin les bonnes
publications, les bibliothèques communales, qui
viendront dire à ceux qui sont nés au milieu
des campagnes : « Ne partez que si le Pays
vous appelle à sa défense. »

Une autre cause de la misère publique vient
de la cherté des denrées alimentaires. Le pain
est aujourd'hui, grâce à l'excellente récolte
que nous venons de faire, à un prix abordable
pour tous. Les boulangers abaissent successi-
vement leurs prix, et au jour où j'écris, le
pain de luxe dit pain blanc vaut 40 cent. le
kilog, celui de deuxième qualité 34 c. et celui
de troisième qualité ou pain de ménage 30.

La charité peut donc agir sur une plus large
échelle, puisqu'à sacrifice égal, elle se trouve
en mesure de soulager un plus grand nombre
d'infortunes.

Le pain est le fond de l'alimentation. S'il
entre relativement pour peu dans les dépenses
journalières d'une grande maison, c'est la
préoccupation de tous les instants, et une

immense affaire pour les salariés à petits ga-
ges, pour ceux surtout qui ont des charges.
Le prix du pain varie nécessairement en raison
de l'abondance de la récolte. La France, c'est
connu, ne fournit point le blé nécessaire à sa
consommation : elle en fait venir de Russie
et d'ailleurs. Cette importation fâcheuse se
rattache aux faits dont j'ai parlé plus haut.
On ne veut plus travailler la terre, et le remède ici n'est point à côté du mal. Les blés
ne s'améliorent pas dans les greniers comme
les vins dans nos caves. Acheter de grandes
quantités de céréales, dans les bons jours,
serait laisser improductif, et pour longtemps
peut-être, un capital énorme.

La spéculation privée crierait bien haut
qu'on l'entrave et la gêne dans ses opérations,
si l'état voulait créer des greniers d'abondance,
devenir marchand. La charité elle-même et la
mieux comprise ne saurait s'associer assez en
grand pour combattre un mal douteux. On
aime à jouir de suite d'un bienfait. C'est l'é-
goïsme du cœur ; mais il existe. Laissons donc
les meuniers s'enrichir, ils font bien, et nous
ferions comme eux si la Providence nous avait
faits meuniers.

Il s'est formé en Angleterre des sociétés
coopératives, ayant pour unique but la lutte
du petit capital contre le gros : l'exemple
donné par nos voisins a été suivi chez nous ;
mais sans accuser des résultats heureux.

Moyennant une légère part d'action, chacun
peut participer, en nature, aux bénéfices de
l'association, qui se résolvent par la différence
entre les prix de fabrique et ceux du détail.

La viande de boucherie conservera longtemps un prix inaccessible aux petites bourses.
L'éleveur ne vend sa bête qu'à de dures conditions ; le marchand de bœufs ne la cède au
boucher qu'en raison d'un gros gain, et ce
dernier trafiquant qui achète l'animal sur pied,
qui doit payer l'octroi, l'abattoir, sa patente,
ses employés et accorder un crédit souvent
mal récompensé, ne peut donner pour rien ce
qui lui coûte si cher.

Les marchands de bœufs sont riches pour
la plupart. C'est un fait acquis à l'observation
et en quelque sorte passé en proverbe ; ils dispo-
sent de leur argent à leur gré. Personne évidemment ne songe à les blâmer. Toutes
les manières de vivre sont bonnes quand elles

ne sortent ni des limites de l'honnête ni de celles du juste.

Mais quand l'agriculture aura, grâce aux développements croissants que lui vaut la science, amendé des prairies, que l'élevage du bétail sera mieux compris, les riches propriétaires n'hésiteront plus à semer leur or sur le sol de la France.

Cultiver son pays est la plus noble manière de prouver qu'on l'aime réellement. Le capital n'a qu'à chercher, il trouvera des intelligences et ces dernières trouveront des bras pour les servir. En raison de ces forces réunies, les qualités, les quantités croîtront, les prix subiront une baisse forcée, et chacun, riche ou pauvre, n'aura qu'à s'en réjouir.

Ce qui tue le prolétaire, c'est d'être obligé de subir les rigueurs du détail.

L'homme de peine ne peut faire ses provisions, il lui faut bien un épicier pour acheter sa chandelle du soir et le sel nécessaire à ses mets : il lui faut du beurre ou tout au moins de la graisse pour la soupe. Le détaillant est là, à sa porte, partout, qui lui fournira ce dont il a besoin. Il paie cher ; mais où est le remède! Le sou est le louis du pauvre: il achètera toujours son bois par fagot et son sucre par livre; s'il casse une vitre à sa fenêtre, il la remplacera provisoirement par du papier huilé en attendant qu'il puisse appeler à lui cet autre petit détaillant du verre qui crie par les rues. Où donc trouver le moyen de remédier à ces mille nécessités de la vie, à ces riens qui sont tout?

Une autre cause du paupérisme vient du manque d'économie, de la dissipation, de la débauche.

Telles sont, en effet, les phases par lesquelles passent la misère physique et la misère morale. Ce soir le théâtre et demain l'hôpital! Telle est la philosophie de beaucoup. Dès que certaines gens du peuple ont cinq francs, il leur faut l'ivresse du corps, celle des sens, et les lieux ne manqueront pas où ils pourront satisfaire leurs passions ou leurs caprices. Ils trouveront sur leur route plus de cabarets que de caisses d'épargnes et l'argent péniblement acquis ira s'engloutir dans des plaisirs souvent inavouables. L'on donne, en somme, trop de facilités à la dépense, point assez à l'épargne. Les monts-de-piété comptent leurs succursales par centaines. Il n'est point un village où l'on ne trouve un débitant et il est des villes où l'on n'a pas encore de caisse publique destinée à recevoir les dépôts sacrés de l'ouvrier laborieux et économe.

Il y a bien des sociétés de secours mutuels, mais elles n'ont point reçu tous les développements qu'elles comportent. Chacun sait le but principal de ces sortes d'associations ; donner une paie quotidienne à l'ouvrier malade, lui assurer les soins du docteur, fournir les remèdes, pourvoir même aux frais d'inhumation, car la société veut des funérailles décentes pour qui a su, de son vivant, honorer le corps des travailleurs.

Moyennant une prime, pour ainsi dire, insignifiante, chacun, pourvu qu'il réunisse des conditions d'honnêteté et d'honorabilité constatées, peut n'avoir plus à craindre l'abandon en cas de maladie. C'est déjà beaucoup. Toutefois la caisse ne peut fournir plus qu'elle ne reçoit ; elle n'assure pas contre les infirmités, contre la vieillesse, ni à plus forte raison contre la mort, ce sinistre inévitable qui laissera peut-être dans le besoin notre famille aimée.

« Les sociétés (1) de secours mutuels sont
acclimatées en France, elles ont résisté à l'é-
preuve de nos derniers malheurs. Diverses
sociétés de consommation sont établies soli-
dement ; mais même avec l'appui que l'Empire
a voulu prêter aux illusions et l'appui des meil-
leurs amis de la cause populaire, il y a bien
peu de sociétés coopératives qui soient resté es
debout.

Le travailleur des campagnes, en même
temps que celui des usines et des villes, né
saurait être instruit trop tôt des ressources
que nos lois et nos usages mettent dès à
présent à sa disposition. Les caisses d'épargnes, les caisses de retraites et d'assurances,
es sociétés de secours mutuels ne sont pas
assez connues encore.

L'assurance sur la vie date de loin chez les
Anglais, elle est encore à l'état d'enfance chez
nous. Nous assurons nos biens contre l'incendie, nos champs contre la grêle, nos meubles,
tout, et nous ne songeons pas à nous créer
des ressources pour nos vieux jours, ni à
mettre les nôtres à l'abri du contre-coup que

(1) Leur organisation légale date du 15 juillet 1850.

peut entraîner notre mort. Nous sommes légers, inconstants et comme l'a dit Ponsard (1), « nous nous priverions volontiers de dîner pour acheter des gants. »

II.

Une première variété du pauvre, c'est l'ouvrier; J'entends celui dont le gain est sujet à des incertitudes qu'il nomme, dans sa langue, des mortes-saisons. Il n'est donc ici, nullement question de ceux dont l'apprentissage a fait des actifs, des producteurs; il s'agit du manœuvre, du journalier qui vit comme cela vient, au jour le jour, d'un travail mal rémunéré, inproductif, ingrat, de celui qui, mal nourri, mal vêtu, n'en est pas moins obligé de soutenir une famille parfois nombreuse.

La femme peut travailler également, c'est certain ; mais qu'est-ce que le gain d'une femme, sans profession le plus souvent? et puis, dans ces sortes d'unions l'épouse n'a pour dot que sa jeunesse et sa force, et cette

(1) Dans sa comédie de *l'Honneur et l'Argent.*

dot du pauvre ne sera hors de saison quand viendront les enfants.

Ne faut-il pas, de toute nécessité, qu'ils aient les soins que reclame leur âge? Il y a des crèches, oui, des salles d'asile, très-bien; mais où donc est la loi qui force le prolétaire à user de ces moyens? les mères ne veulent point avoir recours à la charité, il leur semble qu'elles endossent en quelque sorte la livrée de la misère, en conduisant leurs enfants à l'asile; cela tient à ce qu'elles ne sont point suffisamment renseignées sur les avantages de cette utile institution. Il faut que le malheur ait mûri certaines natures pour qu'elles veuillent bien se soumettre aux exigences que leur impose une situation devenue insoutenable; il faut qu'elles soient forcées par le seul fait de leur impuissance à jouir des bienfaits que la civilisation et la charité, leurs bienfaitrices. ont placés à côté d'elles, comme ces fontaines dont j'ai parlé plus haut et dont l'eau coule pour tous.

Que les mères aillent donc visiter les salles d'asile, qu'elles considèrent avec attention la franche gaieté qui règne sur tous les visages

des petits enfants et elles n'hésiteront plus
un seul instant à joindre les leurs à ceux qui
y sont déja !

Certes les crèches, (1) les asiles, lieux que
j'aime et que chacun bénit, sont peuplés d'un
petit monde aimable, fils ou filles de pauvres
gens, qui rient, jouent et grandissent sous l'œil
maternel des femmes de cœur qu'on met à
leur tête.

L'enfant qui reçoit là sa première éducation
est respectueux et doux envers ses parents;
il est bienveillant avec ses petits camarades,
et plus tard il se rend en classe avec plaisir,
parce qu'on a su lui ménager la transition de
la famille à l'école.

Ces refuges de l'enfance, importés d'Angleterre par l'abbé Cochin (2), ont reçu l'impulsion
du gouvernement et la sanction de l'épreuve :
ils sont reconnus nécessaires, indispensables,
et le clergé qui en avait, au début, méconnu
l'utilité, s'est vite repenti et mis de la partie,
quand il a vu qu'il s'agissait d'une œuvre
éminemment civilisatrice.

(1) L'idée des crèches vient de M. de Passoret, et a été mise
en pratique en 1844 par le regretté M. Marbeau.

(2) Voir l'ouvrage de M. Eugène Rendu.

On les visite avec intérêt et toujours avec
plaisir; mais en dépit du bien qui s'y fait, de
la saine éducation qu'y reçoit l'enfance, de
la propreté, du bon ordre qui y règnent,
peu de familles y conduisent leurs enfants.
Pourquoi ?

C'est parce que le salarié est indécis dans
tout ce qu'il fait; on lui offre des ressources,
il hésite à les accepter : on lui ouvre des écoles
gratuitement, on discute, on améliore son sort
autant qu'il est possible, il trouve qu'on ne
fait pas assez; parce qu'on l'excite doucement
au bien, il dit qu'on le violente : il veut vivre
à sa guise et comme il l'entend; il réclame la
liberté à grands cris, et pourtant il en jouit
largement; il sait qu'il constitue la masse, un
nombre, une force : il n'est jamais content.

Il existe dans l'état actuel de la société en
France une foule de belles et de bonnes institutions assises sur des bases solides et durables,
qui sont trop peu connues encore (1); on devrait employer tous les moyens de publicité
possibles pour combattre les erreurs, détruire
les préjugés et amener insensiblement la foule,

(1) Lire les récents écrits de M. Rollin.

hélas! trop grande des familles pauvres à profiter des avantages qui lui sont offerts.

Alors le prolétaire comprendrait que nos lois et nos institutions veulent le bien de tous, et il ne s'occuperait de politique que pour méditer l'inscription gravée sur les pièces d'or et d'argent qu'on frappe, au service de ceux qui les savent gagner : « Dieu protége la France. »

Une seconde catégorie bien à plaindre est celle du travailleur sans ouvrage.

Quærite et invenietis » Soit ! l'Écriture sainte le dit, mais combien de malheureux cherchent et ne trouvent point !

Malheur à qui refuse le bras qui s'offre à lui, s'il le peut employer. Cette main honnête encore et tendue vers l'outil est la plus respectable de toutes ; qu'on l'utilise à vil prix et à titre provisoire plutôt que de la laisser inactive. La faim est, dit-on, mauvaise conseillère, et puis l'oisiveté est d'autant plus à craindre qu'elle est plus involontaire. Le caractère s'irrite, s'aigrit dans l'adversité : on finit par douter de soi, des autres, de tout : on devient misanthrope si l'on ne devient méchant. Que fera celui qui, sans succès, aura frappé à toutes

les portes ? il pleurera des larmes amères et à
bout de fatigues, ira s'asseoir sur quelque banc
public, l'esprit plein d'idées sombres et c'est
là que la misère naissante rencontrera la misère de date ancienne qui est déjà le vice.

Il faudrait que les bureaux de placement ne
fussent point laissés à la spéculation privée
et que la plupart d'entre eux devinssent en
quelque sorte des dépendances de l'assistance
publique. En effet, le premier venu monte une
agence et pour peu qu'il ait de quoi payer son
terme, ses impositions, sa patente, il acquiert
le droit imprescriptible autant que scandaleux
d'exercer la traite des blancs. Aux yeux du
public, cela est bien; les agences sont regar-
dées comme d'utiles intermédiaires entre le
patron et l'ouvrier, le bourgeois et les bonnes.

Rien ne serait mieux prévu si tout cela était
bien organisé : personne n'ignore qu'il faut avoir
une certaine somme à verser pour droit d'inscription ; hors de là point n'est besoin de s'a-
dresser à l'agent. Je n'ai rien, absolument rien
qu'un vêtement à engager ou un souvenir de
famille à sacrifier et il me faut du travail, je
vais droit au mont de piété ; mais le moment

viendra vite où je serai sans ressources. Que
faire alors ? Les déceptions, l'oisiveté, l'ennui,
la faim ne sont-ils pas les plus proches parents
du crime ? On punit, on foudroie celui qui se
laisse entraîner au mal.

Les lois sont pour tous, mais non les circonstances ; et tel qui est aujourd'hui honoré
eût fait le misérable de demain, s'il eût été placé
dans les circonstances spéciales où d'autres
ont pu se trouver placés.

On peut discuter les faits, le code jamais.
Otons au mal la possibilité d'être. Créons des
bureaux de placement gratuits placés sous la
tutelle du gouvernement ou soutenus au besoin
par une grande œuvre de bienfaisance : faisons
en sorte qu'on puisse demander l'ouvrage partout, à toute heure, sans honte, sans crainte,
sans argent, sans avoir même, je vais loin,
un passé honorable à invoquer.

Il est nécessaire que le misérable vive, que
l'homme tombé se relève. Qu'on lui donne du
pain aujourd'hui, cela est bien : du travail pour
demain, voilà qui est mieux encore.

Viennent ceux que le monde réprouve, qui ne
sauraient avouer leur profession, ou qui, à vrai

dire n'en ont pas. Prêts à tout et bons à rien, ils ne savent où ils vont ni ce qu'ils veulent : ceux-là sont un danger ; car ils sont le trait-d'union qui unit l'honnête à l'infâme. La police le sait et surveille.

Descendu dans ces bas-fonds, l'homme est vicié, perdu.

Les flâneurs des rues n'annoncent rien de bon : ils ne connaissent plus le travail : ils iront s'asseoir plus tard sur les bancs de la police correctionnelle ou sur ceux d'une cour d'assises : les vagabonds sont méprisables ; ce ne sont plus des hommes, mais de futurs numéros de bagne. Ils ne comprennent pas que le temps a été donné à l'homme, à la condition d'en user bien.

Les malheureux qui se livrent à des métiers interlopes, à des commerces honteux, sont, je l'ai déjà dit, les victimes des exemples reçus. Ce qui les a perdus c'est la lecture des mauvais livres ou le récit des faits qu'ils contiennent ; ce sont les romans absurdes, les brochures à bas prix, les publications malsaines, les forfanteries d'amis aussi pervers que nuisibles ; c'est encore la connaissance des faits divers, des vols, des condamnations, des acquittements, c'est la boisson, le jeu ; ce sont les prostituées ; ce sont les vices de la rue sans cesse pourchassés et toujours renaissants ; c'est le laid, l'affreux, l'ignoble sous toutes ses formes.

On devrait interdire, à tout prix, la publicité d'aventures qui peuvent surexciter les passions. Les détails d'un crime ou d'un supplice ne sauraient avoir aucun intérêt pour les honnêtes gens. Ce qui sort du bon devrait être l'inconnu, l'invraisemblable. Rien ne serait enfin profitable comme le silence autour des mauvais faits.

Les lois sur la presse sont incomplètes. La liberté est incontestablement une chose bonne en soi ; mais elle a besoin d'être mesurée : personne n'a jamais contesté le droit de bien dire ni celui de bien faire, et si l'on doit sévir, c'est contre des écarts qu'on ne saurait tolérer.

Les colonnes des feuilles publiques sont trop fournies de suicides, de duels, d'assassinats, d'exécutions capitales : c'est un remplissage immoral ou tout au moins inutile. Les journalistes n'ont-ils donc point, en France, de belles et nobles actions à enregistrer chaque jour, des œuvres de charité, de dévouement à signaler au public?

Les sociétés d'encouragement agissent au grand jour : des hommes remarquables se font un honneur de présider leurs réunions ; mais elles ont à lutter contre d'autres sociétés qui se cachent et sont en plus grand nombre qu'elles ; ce sont celles qui ont pour but de pousser au mal.

Ces dernières, il les faut détruire, anéantir sans pitié ; quand on trouve un serpent on l'écrase !

J'ai descendu tous les degrés et je n'aurais plus à citer que des voleurs de profession, des faussaires, des meurtriers, à tous ceux-là notre profonde pitié et la rigueur des lois.

Le crime a deux causes principales, l'égoïsme et la passion : il peut naître aussi de circonstances impossibles à prévoir, car la nature a d'insondables faiblesses.

On doit plaindre ceux qui tombent et laisser au jury le soin de sa grande œuvre, sans oublier pourtant qu'il n'est point d'êtres indignes de pitié, comme aussi de pardon. Le coupable peut renaître au bien et il doit être possible de refaire l'homme quand le cœur vit encore. Cette tâche est le dernier mot de la charité ; qu'on instruise, qu'on moralise partout, dans les bagnes même, qu'on noie le mal dans le flot du bien.

Ces considérations m'amènent à terminer par ceux qui ont subi des condamnations judiciaires, par les libérés.

Il s'est formé à Paris et tout dernièrement à Rouen une société de protection pour ces infortunés ; elle a pour but de les aider, de les guider dans la bonne voie, de leur trouver de l'ouvrage.

Honneur à qui, le premier, a eu cette généreuse idée, honneur à tous ceux qui ont su la mettre en pratique.

Quelle situation est en effet plus fausse et plus affreuse que celle du prisonnier devenu libre? Repoussé par les siens qui le méprisent, par le monde qui le craint, que peut-il espérer? Il retombe fatalement dans de nouvelles fautes. La plupart des réclusionnaires, des forçats, sont soumis à la surveillance de la haute police. On les voit souvent, on les épie : la sentence a voulu qu'ils se tinssent en un lieu

désigné et qu'ils ne pussent s'absenter sans
une autorisation expresse de l'autorité judi-
ciaire, difficile d'ailleurs à obtenir. Après la
corporelle est venue la chaîne morale ; leur
situation est connue, ils se savent marqués
à jamais du sceau de l'infamie. Quelques-uns
peut-être cherchent le bon chemin et ne le
trouvent pas : qu'on le leur montre, qu'on les
guide, qu'on les conduise au but.

Les récidivistes sont trop nombreux et ceux-
là sont à craindre. S'il est des êtres exception-
nellement méchants, aucun néanmoins ne doit
être assez corrompu pour n'avoir plus une
larme à verser, une bonne action à accomplir.
Le condamné qui a subi sa peine, payé sa dette,
ne doit plus être impitoyablement repoussé.
Que de gens ont fait faillite et sont salués encore! ils ont trouvé l'aide, l'appui, le crédit.

Les gens corrompus et tarés n'inspirent
point de pitié : on devrait souhaiter néanmoins
que la protection accordée au libéré n'existât
pas seulement à l'état de mot, d'idée ; mais
qu'elle fût forte et vraie.

La surveillance devrait être plus occulte
qu'elle ne l'est réellement. L'expiation a eu

lieu, le crime date de loin, faut-il donc que le misérable se sente toujours écrasé par la honte et ne saurait-on lui ménager d'une manière ou d'une autre les moyens de faire oublier son passé infâme.

Cette obligation de se présenter à jour fixe au commissariat est une mesure de prudence nécessaire à l'égard de celui qui rôde, qui n'a ni situation, ni métier : ne pourrait-on point apporter, selon les cas, un adoucissement à la sévérité de la sanction légale et n'exiger plus de lui cette honteuse démarche, dès qu'il s'est affermé, qu'il est domestique, ouvrier, employé quelconque ? Ce serait, ce me semble, un encouragement en même temps qu'un bienfait : beaucoup voudraient de l'ouvrage pour se soustraire à une obligation qui pèse. (1)

(1) Toutefois l'on doit rendre pleine justice à la loi du 23 janvier 1874 sur la surveillance de la haute police.

Le repris de justice était soumis à des formalités si gênantes et si honteuses, qu'il lui était littéralement impossible de trouver du travail.

Les passeports par trop compromettants dont les surveillés étaient porteurs et qui révélaient à tous la condition spéciale du titulaire ont été remplacés par un livret professionnel délivré par le maire ; mais ce livret ne peut servir en aucune façon de titre de voyage

Ce qu'on a fait de mieux jusqu'alors, c'est de ne plus exiger la comparution à jour fixe, de tous les surveillés à la même heure et au même lieu, car on évite ainsi la rencontre fâcheuse de gens qui se sont connus au bagne ou dans les maisons centrales, et qui ne pouvant trouver une

La classe des libérés paraît, au premier abord, la moins intéressante de toutes et l'on s'en préoccupe peu. Un fruit gâté peut être mis momentanément à l'écart ; mais l'on doit s'empresser d'utiliser ce qui reste de bon en lui, on ne le doit rejeter, qu'atteint jusqu'au cœur.

Je citerai, pour terminer, une dernière catégorie de pauvres gens, celle des vieillards et des infirmes.

Ceux-là ont droit à notre respectueuse attention ; je n'admets point qu'un aveugle mendie son pain, on le lui doit.

Le vieillard qui pendant les grands froids, grelotte sous la porte cochère du riche, attendant sa sortie, pour obtenir quelque pièce de menue monnaie, l'infirme qui se traîne après le passant pour implorer sa pitié, sont des négations vivantes de notre civilisaton.

Qu'on n'hésite point dans ces cas-là, qu'on ne recule devant aucun sacrifice ; si les asiles actuellement existant ne suffisent pas, qu'on en bâtisse de nouveaux.

occupation ne manqueraient point de s'associer pour commettre de nouveaux forfaits. La circulaire que M. le Ministre de l'Intérieur a fait paraître le 7 novembre 1875 en exécution de la loi précitée, met fin à bien des abus ; mais il reste encore beaucoup à faire avant d'avoir atteint le progrès de bienveillante charité que demande notre époque.

III.

Il existe entre nos différentes sortes d'obli-
gations envers la patrie, la famille et la société,
une sorte d'affinité que nul ne saurait nier. Nous
devons notre vie, nos forces, nos idées à la
cause du pays ; la famille a droit au rendement
ordinaire de notre travail, à notre amour, à
notre affection ; les sentiments violents et généreux, les secousses de l'âme sont pour la
patrie ; les douces émotions, les caresses, pour
les nôtres. Que veut donc la société ? Notre concours, et rien de plus ; mais elle le veut actif,
persévérant, sérieux.

Quels que soient nos talents, notre fortune et
notre rang, nous nous devons à elle. Artistes,
elle veut nos meilleures productions ; savants,
nos ouvrages ; riches, le bien que permet notre
fortune ; pauvres, nos bras et nos forces : il
lui faut une part de tout ; elle veut que chacun
donne ce qu'il peut, qu'on partage avec elle.
Une pensée seulement, si elle est juste, doit
faire partie du fonds commun. C'est parce que
beaucoup ne savent point comprendre que la
condition première de l'équilibre social dépend

de cette réunion des bonnes volontés, que le paupérisme est une plaie béante encore. Il faut que toutes les capacités, toutes les intelligences, toutes les fortunes trouvent quelque chose à jeter dans le creuset de la charité. C'est alors, mais alors seulement, que nous atteindrons le résultat tant désiré. Nous devons commencer par l'enfant.

Le manque d'instruction ne se pourra combattre que par l'obligation et la gratuité ; ne point faire instruire son fils devrait être un crime ou tout au moins un délit prévu et réprimé par la loi ; on punit celui qui coupe son blé en herbe, arrache des pommes de terre dans le champ du voisin, l'homme qui vole un pain, et l'on ne fait rien au misérable qui ne veut pas que son fils ou sa fille aille à l'école. Le tort fait à la société dans ce dernier cas est cependant bien plus considérable. La question de gratuité est déjà tranchée en partie, puisqu'on admet sur les listes des mairies tous les enfants de familles reconnues pauvres. Il y a donc moins à faire de ce côté que de l'autre. Qu'on crée, qu'on bâtisse de nouveau. La loi veut quatre mètres cubes d'air par élève, et pour bâtir il faut de l'argent; qu'on fasse, au besoin, la classe sous un hangar, sous un grand arbre: l'idée n'est pas neuve, elle date de quelques années, et M. Duruy, ancien ministre de l'instruction publique, l'a déjà mise en pratique par la création des écoles de hameau (1). Tout ce qui est question de détail doit être écarté; une innovation est bonne en tant qu'elle est acceptable et doit produire d'heureux fruits. Des écoles, voilà le point capital, tout le reste doit y être subordonné. Certes mieux vaudrait doter tous nos villages d'un petit bâtiment spécial; ce n'est guère possible aujourd'hui; mais en attendant que la Prusse nous ait rendu nos cinq milliards et notre Alsace, instruisons nos pauvres de France.

Instruits, ils seront mieux à même d'apprécier les malheurs de la patrie, d'en approfondir les causes, et de vouloir contribuer à la régénération, au bien-être, à la grandeur du pays où ils sont nés. Ils auront la prudence et la noblesse du malheur, ils sauront que, sans haïr ni mépriser jamais l'étranger, on le doit tenir

(1) Voir les circulaires de M. Duruy aux préfets et aux recteurs.

à distance et opposer à sa brutalité, à sa con-
voitise le courage honnête dont le droit seul
fait la force : ils sauront aussi qu'il le faut
repousser quand vient l'heure du danger, que
les timorés sont des lâches et que ce mot,
s'il existe dans notre dictionnaire, n'est point
fait pour parler d'un des nôtres. Leur patrio-
tisme se développera en raison des besoins
de l'avenir : ils comprendront que le cabaret
nuit à l'atelier, qu'on ne devient bon ouvrier
qu'à force de courage, de persévérance, d'ab-
négation ; que la politique n'est point leur
fait, qu'il leur suffit d'exercer d'une manière
régulière et honnête leur droit sacré d'électeur
pour y prendre une part active et que les re-
présentants qu'ils nomment, s'ils les savent
choisir, sauront veiller à leurs intérêts les plus
chers et conserver à la France le rang qu'elle
doit occuper parmi les nations. Ils comprendront que la révolte sourde contre les lois
établies est déshonnête ; que les grèves, les
révolutions, sont la honte, comme aussi le
malheur du pays dont ils sont les enfants ;
instruits enfin, ils seront prudents, sages et
laborieux, ils voudront le bien par cette seule

raison qu'ils auront appris à le connaître : Ils feront fi des mauvais conseils, ne prendront avis que de leur jugement devenu sain, de leur cœur resté droit.

Mais il faut de l'argent et il en faut beaucoup. C'est une immense affaire où les forces privées échoueraient infailliblement : aux efforts particuliers il faut l'entrain, la passion.

La souscription des femmes de France a montré ce qu'on peut par la volonté, par le nombre ; quand il s'agit d'une grande chose, les grands cœurs ne manquent pas. Toulouse, lors des inondations, l'a pu constater : nous sommes une nation légère ; mais il en est peu d'autres où tous les hommes se rencontrent en un même élan généreux et spontané, s'il faut trouver immédiatement les capitaux dus à l'infortune.

Déjazet, la plus française, la plus spirituelle des artistes, a trouvé cent mille francs dans une soirée. Paris n'a point voulu qu'une artiste de sa valeur pût être en proie à des nécessités que son âge ne lui permettait plus de combattre. Toutes ces actions, qui sont à l'honneur de la France, ont toutes une même source; le cœur mais si nous sommes une nation de gens de cœur, donnons des cent mille francs aussi pour l'instruction des classes pauvres.

L'œuvre de l'école est humble et paisible : l'argent qu'on lui donne est dépensé sans éclat et sans bruit; elle n'a rien d'entraînant, elle ne passionne point : c'est l'œuvre de raison. Vienne donc cette loi tant désirée, si nécessaire, ce jour béni où les mots auront fait place aux faits: les Romains criaient: « *Panem et circenses* ; » chez nous l'on crie: O France ! donnez-nous des écoles (1).

Nos législateurs, qui sont la force vive et la représentation intelligente de la nation, peuvent, eux seuls, apporter le bien dans cette affaire; car l'impôt des 4 centimes additionnels que les départements et les communes sont autorisés à prélever d'office sur les contributions directes, est loin de suffire aux besoins actuels, et le budget de l'instruction publique est impuissant à réaliser tout le bien qu'il y aurait à faire.

Il faut de toute nécessité qu'un français sache lire: c'est grâce à la lecture, cette con-

(1) On a dans ces dernières années amélioré dans une certaine mesure la condition des instituteurs.

naissance toute modeste et immédiate, qu'il pourra savoir quel nom il va porter dans l'urne aux jours de vote : c'est par elle que les bons livres sont accessibles, que les belles découvertes des savants entreront dans le domaine public et pénètreront jusqu'au sein des campagnes. Donnons donc les subventions aux choses primaires. Nous n'avons point réussi à apprendre la langue maternelle aux Bretons ni aux Auvergnats, ni à tant d'autres qui ont prouvé, par leur sang versé, qu'ils sont français aussi ; les trois cinquièmes des nôtres ne savent point l'orthographe, ignorent les principaux faits de notre histoire nationale, et regardent l'arithmétique comme un mystère : ils sont à coup sûr restés indifférents au passage de Vénus, aux expéditions qui ont pour but de découvrir le pôle nord : peu leur importe que l'Observatoire de Paris soit en possession du meilleur et du plus grand des télescopes, qu'il y ait eu dans ces derniers temps aux Arts-et-Métiers une commission internationale du mètre. La grande armée des illettrés s'est dit : « Qu'est-ce que tout cela nous fait à nous, qui ne savons pas lire ? Il faut que la question des écoles primaires sorte victorieuse d'un provisoire qui semble vouloir s'éterniser. On y touche et la délaisse, on la tourne et la retourne sans avoir frappé un grand coup . . . . . Et pourtant la destruction du paupérisme est le corollaire forcé de l'instruction qu'on saura donner aux classes nécessiteuses (1).

Les hospices déversent chaque année parmi nous un nombre considérable de déclassés. Tel est valet qui eût fait un bon instituteur; tel autre eût été laboureur qui est valet aussi, sans compter ceux qui sont par le fait de leur corruption précoce impropres à tout service honnête. Voilà les hommes qu'il convient de mener à bonne fin. Le recrutement des écoles normales se fait difficilement dans la plupart des départements, les cadres de l'armée sont incomplets, et l'agriculture manque de bras.

Pourquoi ne point aller directement au but

(1) M. Vallon, ministre de l'Instruction publique, a prononcé un discours à Vincennes où je relève ces mots : « L'union scolaire travaille à la fois pour le bien-être des individus, et je ne crains pas de le dire, pour leur amélioration morale ; car si l'étude, si les progrès de l'instruction n'ont pas une influence immédiate sur le caractère et sur la conduite, ils préparent l'homme à la pratique du bien en le détournant des grossiers plaisirs, en lui faisant prendre des habitudes d'ordre, de régularité, de dignité personnelle. »

et ne pas faire des milliers d'enfants assistés qu'on compte annuellement en France, les hommes dont elle a tant besoin?

Nos plus sages voisins, les Suisses, ont fondé de vastes établissements où tout enfant sans famille est recueilli, adopté; on l'élève, on lui apprend à aimer la patrie, à cultiver le sol du pays et on l'instruit. Il est entré là vagabond par la naissance, il en sort homme par l'éducation. Nous avons bien également nos colonies pour les réfugiés du jeune âge; mais combien d'améliorations sont à apporter encore! Adoptons dans le vrai sens du mot tous ceux qui ont connu trop tôt le malheur de n'avoir plus de parents à aimer, développons leur esprit en même temps que leurs forces, donnons-leur une grammaire à étudier, une charrue à conduire, un fusil à épauler: notre pays a moins besoin de laquais que de laboureurs et de soldats.

Réservons pour les intelligences d'élite des bourses dans nos lycées et collèges, poussons vers les arts ceux qui ont de réelles aptitudes, et si nous ne pouvons faire de l'enfant délaissé ou de l'orphelin un savant, faisons-en au moins un homme. L'instruction seule relèvera la France. C'est par elle que la statistique criminelle donnera des résultats moins tristement éloquents.

Le gouvernement a publié le compte-rendu analytique de l'administration de la justice pendant le cours de l'année 1872. C'est un volumineux ensemble de chiffres et de documents, d'où ressortent des remarques importantes sur l'influence des situations, des hommes et des choses. Après la guerre, l'invasion, la commune, il fallait bien s'attendre à une augmentation du nombre des crimes et des délits : dans les périodes qui suivent les grandes heures de trouble social, les indélicats n'ont point le sentiment du devoir, et les gens déjà tarés ne marchandent plus avec leur conscience ; de là cette progression dans le mauvais et les répressions nombreuses qui s'en suivent.

En 1872 les cours d'assises ont tenu 372 sessions, où l'on a jugé 5498 accusés. (1).

Sur ce nombre on comptait 4581 hommes.
-917 femmes

(1) Chiffres publiés au *Moniteur universel*.

1014 avaient de 16 à 20 ans.

3040 de 21 à 40.

1148 de 40 à 60.

et 230 plus de 60 ans.

Sur le total figurent 3288 célibataires.

1927 individus mariés.

et 333 veufs.

La lecture de ce mémoire a permis de constater que la moitié environ des accusés étaient occupés aux travaux des champs, un peu moins du tiers étaient ouvriers, un quinzième, au plus, domestiques ; on y a inscrit 372 négociants ou commerçants ; 303 exerçaient des professions libérales, 281 étaient vagabonds.

Enfin, si l'on veut se rendre compte, et c'est là le plus important, du degré d'instruction des accusés, on constate que les individus sachant lire et écrire, mais d'une manière imparfaite, sont en grande majorité, 2488 ; ceux qui sont complètement illettrés atteignent 1946, tandis que d'autres qui savent lire et écrire n'ont fourni, dans le total général, qu'un chiffre de 900. Quant aux accusés qui ont reçu ce qu'on est convenu d'appeler une bonne éducation, on ne les voit figurer que pour le chiffre relativement restreint de 164, c'est-à-dire dans la proportion de 1 sur 33.

Le viol et les attentats à la pudeur, qui sont les plus affreux d'entre les crimes, sont les plus fréquents et ont eu pour auteurs des individus absolument incultes.

Que ressort-il de ces données, qui ont le mérite de n'avoir point été inventées à plaisir, faussées ou exagérées ?

Ceci d'abord : que les criminels sont en grand nombre, que les gens mariés en fournissent la moindre part, et que les individus privés d'instruction forment une immense majorité dans la population des prisons. Or, sur 4157 condamnés, on compte 1958 récidivistes, environ la moitié.

La misère naît où le crime a frappé : elle rejaillit aussi et de tout son poids sur les familles de ceux qui peuplent les maisons centrales. Un condamné fait dix misérables. Et puisqu'il est prouvé que le manque d'instruction se traduit plus tard par des actes que la loi réprouve, puisqu'il est également reconnu que l'on est destiné à traîner une existence servile quand on est privé de ce bienfait,

bénissons ceux qui ont la mission d'instruire.
Créons-leur des situations en rapport avec les
services qu'ils sont appelés à rendre.

Faisons l'instruction, autant que possible,
obligatoire, gratuite, universelle.

Développons l'indispensable création des
cours d'adultes qui seraient morts-nés si l'on
n'encourageait ceux qui les font.

Instruisons de notre mieux et surtout dans
les villages.

Le suffrage d'un ignorant, d'un rustre, fait
nombre et pèse malheureusement dans la ba-
lance autant que celui de l'homme fait ; mais
quelle valeur morale peut avoir un vote im-
bécille, inintelligent ?

Il faut apprendre aux gens des campagnes
que tous les charlatans qui exploitent leur
crédulité, leur vendent bien cher de mauvaises
drogues : il faut, puisque nous avons eu des
Bossuet, des Corneille, des Molière, des Vol-
taire, des Racine, des Fénelon et tant d'autres
écrivains illustres, les mettre à même de lire
tous ces génies ; il faut qu'ils sachent que la
France est une nation vraiment riche, non

seulement par les productions de son sol ; mais par celles des esprits,

Les grandes découvertes du siècle sont encore incomprises dans bien des communes :

Qu'on fasse, puisqu'il en est ainsi, des conférences rurales : on a trouvé que les sulfocarbonates peuvent beaucoup contre le phylloxera; qu'on aille le dire dans les chefs-lieux de canton : le paysan qui sait peu, comprend au moins ses intérêts, et en servant les siens il servira ceux de la France.

Certains vont où leurs goûts et leurs aptitudes les ont poussés ; beaucoup d'autres obéissent aux lois du hasard ou à la volonté de parents cupides : on les envoie dans les fabriques, on les fait travailler la terre, conduire un métier, garder les vaches, porter des fardeaux avant d'avoir ou seulement des idées ou même des forces : on les met en service, on les pousse à mendier ; on en fait, en somme, des malheureux ou des lâches. Tout cela est déplorable. Ces jeunes garçons feront des déclassés, et plus tard ces pauvres jeunes filles iront garnir les divans des maisons publiques.

C'est inévitable, car l'exemple du vice et de la misère n'enfante que le vice et la misère aussi.

Qu'il y ait d'heureuses dérivations à ce courant fatal, de vraies bonnes natures, des êtres favorisés, inaccessibles à tout sentiment mauvais, des exceptions enfin : est-ce une raison pour ne point lutter avec toute l'énergie possible contre l'abus que les marâtres font journellement de leurs enfants?

Ne doit-on pas flétrir et livrer au mépris public le misérable qui épie le moment où son fils pourra soulever quelque chose et trouver l'emploi d'un bras trop faible encore, afin d'en retirer un profit quelconque, quand il est des écoles et quand il est des maîtres?

Ce lucre avilissant des parents est condamnable au premier chef. La loi peut-elle hésiter un instant s'il s'agit de l'être méprisable qui boit un vin payé par les sueurs de l'enfant, qui refuse à cet enfant jusqu'à l'instruction qu'on lui donne pour rien, qui lui mesure de l'œil un morceau de pain et l'abandonne si tôt qu'il le peut aux blasphèmes d'atelier, aux désordres de la rue, à toutes les tentations, à

tous les écueils, à tous les vents qui souf-
flent.

On dirait que, dans certains milieux, les
pères ont grande hâte de se débarrasser de
leurs fils ou de leurs filles. Les patrons eux-
mêmes semblent prêter la main à ces vilenies,
en acceptant chez eux, en qualité d'apprentis,
le premier venu qu'on présente à leur bureau.
Il semble qu'ils font acte de charité et qu'ils
accomplissent une œuvre pie en recueillant
dans leur maison de tout jeunes enfants bons
au plus à servir de domestiques à leurs commis.

N'est-ce point ceux-là qui portent les pa-
quets, font le gros ouvrage, nettoient et souffrent, et tout cela sous le prétexte d'apprendre
le commerce? Les patrons croient avoir fait
une bonne action et se disent quittes avec leur
conscience, après qu'ils ont livré à la stupide
indifférence d'un employé subalterne le sort
de ce nouveau venu, et ils se le figurent heureux parce qu'il n'ose point pleurer.

Pour moi et pour beaucoup d'autres, je l'es-
père, l'exploitation de l'enfant par l'homme,
du faible par le fort, du pauvre par le riche,
est une bassesse, une barbarie, une honte vé-

ritable. Il est nécessaire de réagir énergiquement contre des faits de cette nature.

Tout français doit posséder, au moins les connaissances modestes, mais suffisantes, voulues par la sage loi du 15 mars 1850, et ne doit tenir en main une lime ou un rabot, que lorsque son corps aura reçu le développement qui lui est indispensable.

M. le Préfet de la Seine, aux termes de l'article 41 de la loi sur le recrutement, a fait placarder sur les murs de Paris des affiches ayant pour but de prévenir les conscrits de la classe prochaine et des classes suivantes que, faute de savoir lire et écrire, ils s'exposeraient à demeurer sous les drapeaux bien au-delà du terme fixé par la loi. C'est une excellente mesure et l'on ne devrait même délivrer aucun livret d'ouvrier aux déserteurs de l'école (1).

Le sens de l'appréciation manque à ceux qui n'ont point d'idées premières : l'illettré ne

(1) M. le Général de Cissoy, ministre de la guerre, vient d'ordonner qu'aucun français ne sachant ni lire ni écrire ne serait apte à contracter un engagement volontaire.

sait point raisonner des choses, il admet tout ce qu'on lui peut dire, une affirmation est une vérité pour lui : il a la naïveté de l'ignorance. Et voilà pourquoi il faut qu'on laisse l'enfant aller à l'école, et qu'on oblige, s'il le faut, les parents à l'y envoyer.

Le travail des enfants est fort utile et très-profitable à certains industriels, c'est une chose incontestée ; mais l'intérêt général doit passer avant tout.

La question du rendement avant un certain âge est de celles qu'on doit regarder comme résolues avant même d'avoir été traitées.

L'emploi régulier des enfants est illicite, car le mot enfance veut dire forces à acquérir, et l'on ne peut que s'exposer au blâme et à la réprobation, quand on dispose d'un capital à venir. Le travail manuel exige des efforts et l'enfant est la faiblesse : mais il est un âge où chacun peut donner, parce qu'il doit avoir reçu : c'est l'adolescence.

Si l'on veut, je le redis encore, détruire le paupérisme, qu'on fasse des hommes !

Qu'on objecte la misère des parents et mille autres choses, ces objections tomberont d'elles-mêmes quand la loi pénale sera en accord avec la loi morale. On doit payer à la société l'impôt du père, comme on paie à l'état celui du citoyen. Qu'on crée des centres l'apprentis, des ouvroirs publics, le nom ne fait rien à la chose (et il en est déjà). La grande affaire, c'est de vider les prisons, de dégarnir les rues des rôdeurs de nuit, des parias qui les encombrent, de voir disparaître les métiers interlopes et de faire des honnêtes gens.

Le paupérisme régnera toujours en maître dans un milieu où les sentiments religieux seront éteints à jamais.

L'homme qui ne croit à rien est condamné aux défaillances. Je déteste, j'abhorre les hypocrites et les tartufes ; mais je respecte profondément ceux qui ont des convictions réelles et je n'hésite pas à penser qu'il faut développer en France les sentiments religieux, si l'on veut y voir diminuer le paupérisme d'une manière notable.

Tout ce qui peut contribuer, sous n'importe quelle forme, à conserver aux filles le respect d'elles-mêmes, aux garçons leur tempérance, aux uns et aux autres la décence et l'honneur,

doit être regardé comme un bienfait immense :
On perd trop vite, hélas ! la notion du bien.

La débauche exige une répression légale (1).
La loi sur l'ivresse publique ne suffit pas.
On peut être débauché de mille autres manières, et par le jeu et par les femmes ; le mot
de tolérance employé par la police est sublime
de naïveté ; il indique suffisamment combien
on hésite à réprimer certains abus.....

Pourquoi donc tolérer ce qui est immoral ?

Il y en a qui donnent leur nom à une femme, qui viennent jurer à la mairie d'être son
soutien et de la protéger, et qui courent, insa-
tiables ou dégradés, s'avilir dans les maisons
publiques. Il y a des pères qui donnent ce
triste et honteux exemple à leurs fils, et il n'y
a point de loi contre ces ignominies !

L'homme est libre, tant qu'il n'amène point
sa maîtresse sous le toit conjugal ; il peut
passer ses nuits au dehors, injurier son épouse
légitime, rendre malheureuse une famille qu'il
devrait encourager et soutenir, il peut mal-
mener ses enfants, et tant qu'il n'y aura point
eu scandale réel, que les voisins ne se seront

(1) Loi du 3 février 1873

pas plaints, que la patience en sa maison dominera les souffrances qu'il y cause journellement, il pourra, bien que lâche, passer pour le modèle des époux et le meilleur des pères!

A cela je ne vois encore d'autre remède que celui d'une bonne éducation première; aussi faut-il qu'elle soit vraiment solide. Un bon fruit ne vient que sur l'arbre bien greffé.

Les prostituées sont un fléau pour la société et font trop de victimes; la santé, l'esprit et la bourse souffrent des fréquentations secrètes. On sait le nombre effrayant des femmes adonnées au vice : les registres des mairies et ceux de la police sont des témoins indiscutables de la dépravation des mœurs et personne n'ignore qu'une bonne moitié des malheureuses dont je parle échappe au recensement. Il faut, dit-on, des filles publiques; eh bien... non : il faut des femmes décentes, honnêtes et courageuses, des épouses et des mères, comme aussi des hommes de cœur et des pères sérieux, sensés et raisonnables. Je suis pour toutes les libertés; mais non pour celle du vice; la société n'a rien à gagner aux accouplements impurs. Cette plaie sociale qu'on regarde comme absolument nécessaire ne l'est qu'en apparence. Que deviendraient nos filles et nos sœurs, les femmes vertueuses et respectables, s'il n'y en avait point d'éhontées? Elles resteraient ce qu'elles sont, ou plutôt ce que leur éducation les a faites, et elles seraient toujours honorées en raison de leur degré de pudeur, et surtout il faut le dire, de leur volonté. Quant aux garçons, ils s'uniraient plus souvent par des liens que chacun aurait à respecter, aux jeunes personnes de leur condition.

Il nous manque une loi sévère contre les femmes perdues ; on en devrait peupler Dakar, la Nouvelle-Calédonie et la Basse-Cochinchine.

On se souvient sans doute, du nombre effrayant de ces misérables, qu'on a dû, comme bouches inutiles, chasser de Paris lors du siége. Nos villes industrielles les comptent par milliers, et c'est vers elles que le tiers des salaires va se porter. En les expulsant, le pays n'aurait rien à perdre, puisque tout l'argent qu'elles dépensent tomberait en d'autres mains, et le paupérisme serait, à coup sûr, moins accentué au sein des classes laborieuses.

La France a prouvé l'inépuisable fécondité de ses ressources : l'emprunt des milliards, celui de la ville de Paris et tant d'autres grandes opérations financières sont venues l'attester après nos désastres. Elle peut, elle doit être fière d'elle-même ; mais elle doit occuper ses enfants à d'utiles travaux, et si tous les paresseux et les parasites qu'elle compte en si grand nombre étaient dans l'obligation de produire, on la verrait beaucoup plus riche encore.

De là vient la nécessité de fournir du travail à tous indistinctement. J'ai déjà, dans les premières pages de cet opuscule, dit qu'il fallait rendre par la gratuité les bureaux de placements accessibles à tous et je l'affirme encore ici. Les agences ont exploité trop longtemps à leur profit la misère d'autrui. L'assistance publique dispose de sommes déjà rondes ; le public, c'est-à-dire le passant, n'importe qui, fait de larges, d'incessantes aumônes. Le riche met sous pli le billet qu'il destine au bureau de bienfaisance.

le pauvre même dépose un sou dans la main
que lui ten 1 un plus pauvre, chacun fait ce
qu'il doit. Toutefois nous avons le tort de ne
point raisonner assez nos bonnes actions : au
lieu de donner à tort et à travers, concentrons
nos ressources, versons tout dans une seule
et même caisse, celle de l'assistance publique,
rendons-là riche, si nous la voulons forte. Il
nous semble avoir beaucoup fait quand nous
avons donné au hasard des pièces de dix centimes. Il existe à peu près partout aujourd'hui
des bureaux de bienfaisance ; mieux vaut y
déposer cinq francs par an que de distribuer la
menue monnaie de vingt francs aux pauvres
de la rue.

La mendicité est interdite dans les villes et
dans les communes ; mais l'on ne pourra jamais
défendre de donner, et voilà pourquoi l'on de-
mandera toujours (1).

(1) M. de Villeneuve dans son *Economie politique* fixe à
un sur cent soixante-six le nombre des mendiants en France.
De tout temps on a cherché à réduire le nombre des mendiants ; en 1350 le Roi Jean défendit, sous peine du fouet, la
mendicité ; en 1547, Henri II prononça contre les mendiants
la peine des galères : aujourd'hui, d'après les statistiques offi-
cielles, la mendicité est interdite dans 69 départements : le
code pénal, article 274 et suivants, dit que tout mendiant qui
feint des infirmités est puni de six mois à un an de prison.

Si chaque citoyen était, par le fait, d'une ordonnance bien conçue, redevable au bureau de son arrondissement, d'un impôt de un par mille, on créerait des revenus énormes à l'assistance publique.

Et pourtant il en est qui réclament à grands cris la suppression du droit des pauvres prélevé sur la recette brute des théâtres et des concerts (1).

C'est une vieille coutume qui date de 1407. Charles VI enjoint en effet, à la corporation des ménétriers de « cueillir l'aumône de l'hôpital St-Julien aux noces où ils seront louez. » En 1541, les comédiens, dits confrères de la Passion, doivent compter mille livres tournois aux pauvres. Louis XIV, en 1701, par ses lettres patentes, taxe les comédies à un sixième de leur recette au profit de l'hôpital général ; en 1716, le régent ordonne une augmentation d'un neuvième ; on abolit le droit des pauvres en 1789 ; mais après la grande révolution, ce droit est rétabli pour les théâtres de création nouvelle ; puis vient un décret de l'an V frap-

(1) Le conseil municipal de Paris, dans une séance de nuit, a décidé, au commencement de décembre 1875, que ce droit serait maintenu.

pant indistinctement d'un décime tous les spectateurs ou auditeurs des théâtres et concerts. Enfin paraît la législation de 1840 qui est encore en vigueur et qui porte le droit des pauvres au onzième de la recette brute. Cette coutume a vécu en dépit des récriminations de certains journalistes, des directeurs de spectacles ou de cirques. Qu'on supprime tout plutôt que de toucher à ce droit des pauvres, qui permet d'améliorer le régime des hôpitaux et de distribuer des secours en grand nombre.

La continuation ou l'accroissement du droit des pauvres ferait, objecte-t-on, des milliers de malheureux dans l'immense population de nos théâtres. Les entrepreneurs de spectacles ne pouvant plus suffire à leurs lourdes charges, abandonneraient une direction devenue impossible, et laisseraient en proie à des besoins pressants une foule de nécessiteux, et en résumé le bien réalisé en faveur de tous ne serait point en proportion du dommage causé à quelques-uns.

Ces objections ne sont que des mots colportés par ceux qui, grâce à leur journal du matin, croient avoir beaucoup d'esprit le soir.

Ce qu'il faut constater, c'est la profondeur des misères, et l'on doit, avant tout, chercher à les soulager. Si quelques comparses se trouvent momentanément atteints par la faillite de leur directeur, cette même loi après laquelle on crie tant devient leur sauvegarde, car l'assistance publique peut et doit les aider.

Le paupérisme est semblable à un incendie qui porte avec lui la désolation et la ruine : il faut l'éteindre d'abord et disserter ensuite, si l'on veut, sur les causes d'un sinistre qui n'est plus ; puis, après avoir bien fait se demander ce qu'il y aurait eu de mieux à faire. Pourquoi ne point astreindre tous ceux qui gagnent à verser mensuellement dans une caisse d'épargne spéciale une légère part de leur gain, 3 % par exemple? En quoi de simples ouvriers ou de pauvres employés subalternes pourraient-ils se trouver froissés d'une mesure qui atteint depuis longtemps déjà les officiers supérieurs de notre armée, les hauts fonctionnaires de toutes les administrations et les professeurs de l'Université ?

Les patrons devraient être tenus de retenir périodiquement et de déposer dans une caisse centrale le montant des retenues faites à tous leurs employés indistinctement; chacun, en France, aurait son morceau de pain assuré au cas où l'ouvrage viendrait à lui manquer. Il y aurait des abus, cela est inévitable ; mais la raison l'emporte sur les passions quand l'intérêt personnel est en jeu, et l'on comprendrait vite l'utilité d'une semblable mesure.

Il serait à désirer aussi que les salaires fussent plus en rapport qu'ils ne le sont avec les prix toujours croissants des denrées et que les choses d'un usage journalier, surtout celles qui sont indispensables à la vie, fussent, comme le pain, l'objet d'un tarif spécial ; on subit en France sur des objets de première nécessité des impôts assez lourds, tandis que mille objets de luxe et certaines préparations de la parfumerie moderne n'en sont point atteints.

Et pendant ce temps un pharmacien vend un franc trente gouttes de perchlorure de fer dans un verre d'eau !

Il est enfin une grande cause du paupérisme.

C'est la guerre.

La guerre qui fait les orphelins, les veuves

et les infirmes, la guerre qui détruit les moissons et nous couvre d'impôts.

L'histoire est là pour prouver que ce fléau a pour date certaine la création du monde. Les plus gros volumes écrits sur ce sujet n'empêcheront jamais les peuples de vider leurs querelles par la voie des armes ; mais l'histoire aussi nous apprend que pendant la paix, les nations deviennent fortes et grandes.

Or, remarquons-le bien, c'était au lendemain même de la fatale guerre de 1870, que l'Académie des sciences morales et politiques, à qui j'ai l'honneur d'adresser ce mémoire, invitait les penseurs à s'occuper de la misère en France.. .. ..

Notre pays a besoin de repos et de travail : il est entre les mains d'un soldat qui a fait respecter partout notre drapeau aux trois couleurs.

S'il a été déchiré, il y a cinq ans, il n'a jamais été sali.

Ne rêvons point guerre prochaine et rendons hommage aux efforts faits dans ces derniers temps pour combattre le paupérisme par l'établissement d'une paix durable.

Grâce à la paix, la jeune France s'élèvera instruite et laborieuse, et saura, le moment venu, venger nos injures. Rendons cette France qui renaît honnête et sage; elle deviendra riche et puissante, hardie Et plus tard nous verrons nos enfants accoutumés au bien, au bonheur de la liberté, aux douceurs de l'aisance, hésiter dès qu'il s'agira d'entreprendre des guerres inutiles ; on ne les verra plus guerroyer sans motif au Mexique ou ailleurs.

Ils resteront chez nous, veilleront aux frontières et garderont leur sang pour de nobles causes.

FIN

OUVRAGES A CONSULTER

Mémoire de M. LAURENT, 24 décembre 1864, sur le mouvement de la mortalité des enfants naturels en bas âge et les secours à donner aux filles-mères.

M. MOREAU-CHRISTOPHE, E. LAURENT (1860) A. E. CHERBULIEZ (1852) Mézières. Ouvrages sur le paupérisme.

JULES SIMON, l'Ouvrier, l'Ecole.

De VILLENEUVE, Economie politique (1834)

Ecrits de M. le conseiller Rendu.

B. APPERT, Bagnes et crimes.

A. MONNIER, Assistance publique.

Monseigneur DUPANLOUP, Père GIRARD, PESTALOZZI, THÉRY, BARRAU.

Livres publiés sur l'instruction à donner aux enfants des deux sexes.

Roanne. — Imprimerie E. FERLAY.

www.ingramcontent.com/pod-product-compliance
Lightning Source LLC
Chambersburg PA
CBHW070928280326
41934CB00009B/1783